भारत में शादी के चरण
(हिंदु शादियों के लिए)

एक मार्गदर्शिका

कमल अग्रवाल

ISBN 979-8-89363-399-3

समर्पण

मेरी मम्मी (छाया), मेरी पत्नी (मिनाक्षी)

(ये हमें बहुत जल्दी छोड़ कर चले गए)

और

मेरा परिवार जो मेरी शक्ति और प्रेरणा हैं

अस्वीकरण

यह लेखा मेरे अपने अनुभवों का है।

यहां जो भी विवरण दिया गया है वह सिर्फ एक रूपरेखा है।

किसी के ऊपर कोई बंदिश नही है कि इसमैं दिए गए विवरण के
अनुसार कार्य करने के लिए।

इस विवरण से किसी को कोई हानि या किसी की

भावनाओं को कोई ठेस पहुंचाने का प्रयास नहीं है।

अगर इस लेख का कोई भी कार्य किसी के साथ मिलता है तो यह
सिर्फ एक इत्तेफाक है जानबूझकर नहीं किया गया है।

सूची

प्रस्तावना

शादी किसी भी परिवार के लिए एक बहुत ही अहम अवसर होता है। सिर्फ होने वाले नव विवाहितों के लिए ही नहीं बल्कि दोनों परिवारों के लिए क्योंकि यह दोनों परिवार अब उम्र भर के लिए एक होने जा रहे हैं।

हर इंसान की जिंदगी में शादी एक बहुत ही अहम पर्व है चाहे वह किसी भी धर्म का हो। अपने बच्चों के बीच शादी होने का अर्थ है:

- दो परिवारों का मिलन

- यह एक इंसान का बड़ा होना या उसके दूसरे इंसान की जिम्मेदारी संभालने की क्षमता का भी प्रतीत है।

प्राचीन जमाने में राजा महाराजा कई शादियां करते थे:

- अपने राज्यों को बढ़ाने के लिए दूसरे राज्यों से जोड़ बनाते थे शादी के द्वारा

- अपने राज्य के लिए एक वारिस (पुरुष) करने के लिए

आजकल जिंदगी की रफ्तार बहुत तेज हो गई है और जॉइंट परिवार (joint family) अब (single nuclear family) सिंगल

परिवार से रिप्लेस हो गए हैं और शहरों में बसने लगे हैं। इस कारण जब हमें अपने बच्चों की शादीयां करनी होती है तो हमें एक असहायता सी महसूस होती है कि क्या/कैसे और कब करना है।

२०१६ में जब मेरी बेटी की शादी तय हुईं तो हमारे सामने यह सवाल उठा - क्या/कैसे और कब करना है? एक ही क्षण में करीब 28 साल गुजर गए थे मेरी अपनी शादी के बाद और क्योंकि मेरी मम्मी अब हमारे बीच नहीं थी तो मैं किसके पास जाते पूछने की क्या/कैसे और कब करना है बच्चों की शादी के लिए।

अपने बुजुर्गों से दोस्तों से लड़के वालों से पूछताछ करके शादी के रस्मों/भिन्न भिन्न चरणों का पता किया और इसके बाद अपनी बेटी की शादी को सफलतापूर्वक संपन्न कर पाया।

मैंने अपने अनुभवों का एक छोटा लेख अपने संदर्भ के लिए लिखा था जो कि मेरे बेटे की शादी के समय में बहुत काम आया। यह लेख मैंने अपने समधी जी के साथ भी शेयर किया था।

किसी भी शादी में सभी रीति रिवाज एक मुख्य रीति के पहलू होते हैं जो की है (सप्तपदी - साथ कदम) यहां पर वर वधू अग्नि के चारों ओर साथ फेरे (चक्कर) लेते हैं और शादी की शर्तें एक दूसरे से कहते हैं।

नोटः यह पुस्तिका सिर्फ एक मार्गदर्शक के रूप में है और किसी पर बंधिक नहीं है।

चरण

1. रोका

2. आमंत्रण कार्ड

3. शादी के पहले फोटो (Pre-wedding Shoot)

4. मेहंदी/संगीत/cocktails

5. सगाई/तिलक/गोद भराई/ cocktails

6. हल्दी एवं भात

7. शादी

बारात के इकट्ठा होने का स्थल

बारात का स्वागत

कोरथ

छतरी

जय माल

सजन गोठ

शादी के फेरे

जूता चुराना

कन्यादान

8. विदाई

9. लड़की का सर के ऊपर पीछे चावल फेंकना

10. घर आने के बाद

हल्दी के हाथ के थप्पे

लड़की का चावल का कलश पैर से घर के अंदर गिरना

छंद

अंगूठी ढूंढना

11. मुंख दिखाई

12. पट फेरे

13. हनीमून

ऊपर के कार्य आमतौर से करे जाते हैं एक ठेठ हिंदू शादी के लिय। यह कार्य हर एक इंसान की इच्छा अनुसार किए जाते हैं।

यह कार्य एक दूसरे के साथ मिलजुल के किये जा सकते हैं या अलग-अलग। यह कार्य बहुत ही साधारण तरीके से या फिर बड़े पैमाने पे संपन्न किये जा सकते हैं।

यह कार्य आगे डिटेल में लिखित हैं।

1. रोका

रोका

दोनों परिवारों के बीच जब अपने बच्चों की शादी की बात तय हो जाती तो परिवार रोका (रोका-इस का महत्व ये है - कि लड़की हमारी हो गई, (लड़के वालों के लिए) और लड़का हमारा हुआ (लड़की वालों के लिए) कर देते हैं। आजकल ज्यादा तक सारे परिवार रोके की रस्म करने लगे हैं।

रोके में वधु के माता पिता वर व उसके परिवार जनों को उपहार (वर के लिए सोने की चेन/गिन्री और परिवारजनों को शगुन के लिफाफे दिए जाते हैं)

इसी प्रकार वर के माता पिता वधु को ज़ेवर एवं लिफाफा देते हैं (वधु के परिवारजनों को कुछ नहीं दिया जाता है)।

फल/मेवा/ मिठाई इत्यादि का भी दोनों परिवारों के बीच आदान प्रदान होता है सगे संबंधियों और दोस्तों में देने के लिए।

रोका आमतौर से परिवार के करीबी सदस्यों के बीच किया जाता है जिससे कि अगर किसी कारणवश सम्बन्ध टूटता है तो बदनामी न हो।

यह रस्म छोटे या बड़े पैमाने पर अपनी इच्छा अनुसार की जाती है।

2. प्री वेडिंग शूट
(Pre-wedding Shoot)

प्री वेडिंग शूट (Pre-wedding Shoot)

आजकल होने वाले वर वधु अपनी साथ की फोटोएं खिंचवाना चाहते हैं एक एकांत जगह पर। जो फोटोग्राफर शादी के लिए किया जाता है वही यह फोटो भी खींचता है।

यह कार्य किसी फार्म हाउस/रिसोर्ट या किसी ऐसी जगह पर किया जाता है जो आपस में तय कर लिया गया हो।

3. आमंत्रण पत्र

आमंत्रण पत्र

रोके की रस्म के बाद पंडित जी से सलाह की जाती है शादी की तारीख निकालने के लिए हिंदू कैलेंडर (पंचांग) के हिसाब से। इसके बाद दोनों परिवार आपस में सलाह करके एक दिन तय करते हैं जो दोनों पक्षों को सुविधाजनक हों।

तिलक गोद भराई सगाई की तारीख भी तय करी जाती है। यह तारीख करीब-करीब एक या दो दिन शादी की तारीख से पहले की ही होती है क्योंकि आजकल सगे संबंधी बहुत लंबे दौरान तक आकर रहना नहीं चाहते हैं।

आमंत्रण पत्र मिठाई/मेवा इत्यादि के साथ लोकल अतिथियों को हाथ से दिए जाते हैं।

आजकल, खास तौर से कोविद महामारी के बाद, ई-कार्ड (E-Card) भेजने की प्रथा चालू हो गई है। हाथ से आमंत्रण पत्र सिर्फ बहुत ही करीबी रिश्तेदारों को दिए जाते हैं।

आमंत्रण पत्र जो भेजे जाते हैं:

- सेव द डेट (Save the Date) यानी तारीख को आप अभी से हमारे यहां शादी में आने के लिए तय कर लें।

- सगाई/तिलक/गोद भराई

- शादी

मेहमानों के ड्राइवरों के खाने के टोकन जरूर संलग्न करें आमंत्रण पत्र (शादी एवं सगाई) के साथ।

4. मेहंदी/संगीत/ (cocktails) मदिरापान

मेहंदी/संगीत/(cocktails) मदिरापान

आजकल यह तीनों एक ही कार्यक्रम में करें जाते हैं।

मेहंदी - ये शुभ माना जाता है और शादी का प्रतीक भी है।

वधु और उसके दोस्त एवं घर की महिलाएं अपने हाथों और पैरों पर मेहंदी लगवाती हैं। अगर चाहे तो वधु को फूलों की जेवर पहनाए जाते हैं मेहंदी लगवाने के समय। वधु की मेहंदी में करीब चार-पांच घंटों का समय लग जाता है।

वर को भी मेहंदी लगवानी होती है (कुछ शगुन के तौर पर हथेली पर एक बिंदु लगवा लेते हैं - कुछ पूरी तरह से लगवाते हैं)।

संगीत - दोनों परिवारों के यहां गाना बजाना नाचंना होता है।

मदिरापान (Cocktails) - ये सगे संबंधियों और दोस्तों के साथ प्रोग्राम होता है।

आजकल (bachelor) बैचलर और bachelorette (बैचलोरेट) रात भी करने लगे हैं वर वधु।

5. सगाई

सगाई

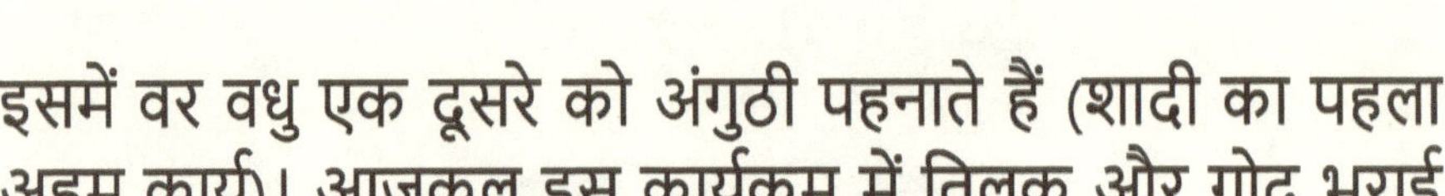

इसमें वर वधु एक दूसरे को अंगुठी पहनाते हैं (शादी का पहला अहम कार्य)। आजकल इस कार्यक्रम में तिलक और गोद भराई के कार्यक्रम भी सम्मिलित किए जाने लगे हैं।

मिठाइयां/फल/मेवा एक दूसरे के परिवारों के लिए आदान-प्रदान किया जाता है (जैसे निर्धारित किया गया हो आपस में)।

तिलक

वधु के भाई वर का तिलक करते हैं और शगुन का लिफाफा अथवा अन्य उपहार (घड़ी, इत्र, कपड़े, सोने की चेन इत्यादि) देते हैं।

वर पक्ष वधु के भाई/भाइयों को शगुन के लिफाफे/कपड़े इत्यादि देते हैं।

फल/मिठाईयां/मेवा एक दूसरें के परिवारों को दिये जाते हैं।

गोद भराई

वर की मम्मी/बहनें वधु को शगुन/ज़ेवर/कपड़े देती हैं।

इस अवसर पर वधु वर पक्ष की तरफ से आया लेहंगा/साड़ी पहनती है।

मिलनी

ऊपर वाले कार्यक्रमों के बाद वधु के माता पिता वर के माता पिता के साथ जाकर वर के नज़दीक के सगे संबंधियों को मिलनी (शगुन के लिफाफे) देते हैं।

6. हल्दी व भात

हल्दी

हल्दी - इस रस्म का महत्व है कि वर वधु बुरी नज़र से सुरक्षित रहें। हिंदुस्तानी रीति रिवाजों में पीला रंग शुभ माना जाता है इसलिए यह रस्म हल्दी से की जाती है। आमतौर से हल्दी के बाद वर/वधु को शादी तक घर से बाहर निकलना वर्जित है इसलिए ज्यादातर यह रस्म शादी वाले दिन ही की जाती है।

वर वधु को एक लड़की के पटरे पर बैठाया जाता है और पंडितजी पूजा करवाते हैं। फिर (कम से कम ५ लोग - मां/दादी/बहन/भाई/मौसी/मामी इत्यादि। (दूब) घास का एक बुरुश पंडित जी बनाते हैं। इस बुरुश को दही/रोली/हल्दी/के पात्रौं में डुबो कर वर वधु के पैरों/घुटनों/कन्धों/सिर पर लगाया जाता है फिर इस का उल्टा किया जाता है - सिर/कन्धे/घुटने/पैरों पर लगाते हैं।

भात

इस रस्म में वर वधु के मामा वर वधु के माता पिता और बहुत करीबी रिश्तेदारों को तिलक लगाकर शगुन (चांदी की चीजें/जेवर/ लिफाफे इत्यादि) देते हैं।

हल्दी व भात की रस्में वर वधु के यहां अलग अलग होती हैं।

7. शादी

शादी

मंदिर जाकर भगवान का आशीर्वाद लेने के बाद ही बारात विवाह स्थल के लिए प्रस्थान करती है।

बारात के इकट्ठे होने की जगह - बारात जिस स्थान पर इकट्ठी होती है (बारात में शामिल होने वाले कई लोग इस जगह पर पहुंचते हैं) वहां पर शरबत/चाय/मेवा/पकोड़े इत्यादि का इंतजाम करना है। सब मेहमानों के आने के बाद बारात यहां से बेंड बजे के साथ विवाह स्थल के लिए प्रस्थान करती है।

बारात और बारातियों का स्वागत - बारात जब पहुंचती है तब वधु का भाई वर को घोड़ी/गाड़ी (एक छोटी पटरी चाहिए वर जिस पर पैर रखकर उतरता है) से उतारता है और अंदर ले आता है जहां पर वधु की मां आरती करके स्वागत करती हैं।

शेश बारातीयों का स्वागत (पुरुषों का) फूलों की मालाओं के साथ/गुलाब की कली (स्त्रियों का) से किया जाता है। आए हुए मेहमानों पर इत्र/सुगंध छिड़का जाता है

कोरथ - इस रस्म में वधु के पिता वर और वर्ग के परिवार वालों को और बारातियों को शादी के लिए आमंत्रित करते हैं।पंडितजी

पूजा करवाते हैं और दोनों पक्ष आपस में शादी का निमंत्रण एक दूसरे को देते हैं। जो उपहार देना चाहें वो दें। वधू के पिता की ओर से पंडित जी वर के पिता को लग्न पत्रिका जिसमें वर वधु के नाम, शादी का दिन, समय और परिवार के सदस्यों का वितरण किया गया है दिया देते हैं। खांड कटोरा भी वर के पिता को दिया जाता है।

फूलों की छतरी/चादर - वधु के भाई/दोस्त उसे फूलों की छतरी के नीचे ले कर आते हैं।

जयमाल - इस रस्म में वर वधू एक दूसरे को फूलों की मालाएं पहनाते हैं। इस रस्म के बाद शादी में आमंत्रित लोग वर वधु से वर पिता खांड कटोरा भी वर के पिता को दिया जाता है हैं और शगुन देते हैं।

सजन गोठ - महमानों के भोजन के साथ वर वधु और वर के माता पिता/करीबी रिश्तेदार/दोस्तों के खाने का प्रबंध किया जाता है - वधू का परिवार भोजन परोसता है।

फेरे - यह विवाह सम्पूर्ण करने का आखिरी चरण है। वर वधु कुर्सी/पटरीयों पर बैठते हैं। दोनों पक्षों के पंडित पूजा शुरू करवाते हैं और अग्नि के ७ चक्कर लगाने होते हैं जिन में ५ में वधु आगे रहती है और बाकी २ में वर (४ फेरों में भी शादी करवा देते हैं)।

वर के जूतों की चोरी - वधु की बहनें/दोस्त वर के जूते छुपा देती हैं और लौटाने के पैसे मांगती हैं। यह एक खेल है जीजा और सालियों के बीच में।

कन्यादान - वधु का पिता कन्यादान करता है और वर वधु की मांग में सिंदूर लगाता है अपनी सगाई की अंगूठी से। विवाह सम्पन्न हुआ।

वर वधु के बीच ७ कसमें

1. इस बंधन में हम दोनों अपना अपना फर्ज निभायंगे जिससे हमारी बढ़ौतरी होए।

2. वर-हम अपने परिवार और घर को सुरक्षित रखेंगे। वधु - में तुम्हारी ताकत बनूंगी और तुम्हारी खुशी में ही मेरी खुशी है।

3. वर - हम सम्पन्न और समृद्ध हों और हमारे बच्चे दीर्घ आयु हों। वधु - में सिर्फ तुम्हारी हूं और मेरी जिंदगी में और कोई नहीं आएगा।

4. वर - तुमने मुझे पूरा किया है और हमें आगया कारी और महान संतान हो। वधु - में तुम्हें खुश रखूंगी।

5. वर - तुम मेरी दोस्त/शुभचिंतक हो। वधु - में जीवन भर तुम्हें प्यार करूंगी और तुम्हारी हर इच्छा पूरी करूंगी। दोनों - मेरी खुशी तुम्हारी खुशी और मेरा दुख तुम्हारा दुख।

6. वर - अब तुमने ६ कदम मेरे साथ ले लिए हैं मुझे अत्यन्त ख़ुशी हो रही है क्या यह खुशी सारे जीवन भर दोगी? वधु - में हमेशा तुम्हारे साथ रहूंगी।

7. दोनों - अब हम पति पत्नी हैं। हम एक दूसरे को प्यार सम्मान और इज्ज़त देंगे उमर भर।

 ## महत्व

ये कस्में एक सफल शादी शुदा जीवन के लिए अहम हैं और ये सारे पहलुओं को समेट लेते हैं।

इन कसमो को वर वधु अपने हिसाब से कह सकते हैं

फेरों में अग्नि का महत्व

संसार के ५ तत्वों (पृथ्वी/आकाश/जल/वायु/अग्नि) में से अग्नि ऐसा तत्व है जो प्रद्रूषित नहीं हो सकता है। इसलिए शादी अग्नि को शाक्षी (अग्नि शाक्षी) बना कर की जाती है।

8. विदाई

विदाई

शादी पूर्ण होने के बाद (फेरे हो जाने पर) नय दम्पत्तियों और बारातियों को विदा करने का समय आता है - कुछ छोटे उपहार वर के माता पिता और करीबी सगे संबंधियों को दिये जाते हैं।

वधु के माता/ पिता/ बुआ/ मौसी/ मामी उसे तिलक लगाकर और उपहार देकर विदा करते हैं।

वधु अपना घर (विवाह स्थल) छोड़ने के समय अपने सिर के ऊपर से पीछे की ओर मुट्ठी से चावल फेंकती है - इसका महत्व है:

कि उसके माता-पिता का घर संपन्न रहे उसके जाने के बाद भी

वो अपने माता-पिता का उसकी परवरिश का ऋण चुका रही है।

9. वर वधु के विदाई के बाद घर पहुंचने पे

वर वधु के विदाई के बाद घर पहुंचने पे:

- वर की माता उनका तिलक करके स्वागत करती है

- वधू से दोनों हाथों के हल्दी के थप्पे दीवाल पर/कागज़ पे लगवाए जाते हैं

- वधु से एक चावल के कलश को पैर से घर के अंदर गिरवाया जाता है।

- छंद - वर वधु एक दूसरे से चुटकुले पूछते हैं। आजकल यह ज्यादातर नहीं हो रहा है।

- अंगूठी ढूंढने का खेल

एक परात/कलश में पानी/दूध और फूल के पत्ते डाल के उसमें अंगूठी डाली जाती है। वर वधू में से जो यह अंगूठी पहले ढूंढ लेता है वह जीतता है और यह मानना है कि वही शादी के बंधन में ऊपर रहेगा।

अब समय है नए दंपतियों को अकेले साथ रहकर अपनी शादी संपूर्ण करने का।

10. मुंख दिखाई

मुंख दिखाई

वर के माता-पिता रिश्तेदार दोस्त सभी नए दंपतियों को तिलक लगाते हैं और उपहार भेंट करते हैं इस समय वह वधु का मुख देखते हैं।

जनवासा

यह वह जगह है जिसका लड़की वाले पृबंद करते हैं बारातियों के रहने के लिए (जब बारात बाहर से आती है)।

यहां पर बारात के सदस्य कुछ देर विश्राम करते हैं स्नान करते हैं कपड़े बदलते हैं कुछ खाते पीते हैं और शादी के स्थल पर जाने की लिए तैयार होते हैं। कुछ बाराती जो साथ में नहीं आते हैं वह यहां सीधे पहुंचते हैं।

11. शादी के बाद पहले साल के त्योहारों के उपहार

शादी के बाद पहले साल के त्योहारों के उपहार

मकर संक्रांति

गजक

लड़के लड़की और उनके परिवार वालों के लिए कपड़े और लिफाफे

होली

सिल्वर पिचकारी और बाल्टी

फल/ मेवा/ मिठाईयां

होली के रंग

लड़के और लड़की के लिए कपड़े या उसके बदले पैसे

तीज

लड़की की सास के लिए साड़ी

साड़ी या सूट लड़की के लिए और एक जेवर का चीज लड़की के लिए चूड़ियां और सिंगर का सामान

मिठाईयां और फल

करवा चौथ

लड़की की सास के लिए साड़ी

साड़ी या सूट लड़की के लिए

बाईने का सामान

राखी

एक सोने की गिन्नी या उसके बदले उतना मूल्य

मिठाईयां और फल

दशहरा

शगुन का लिफाफा

मिठाईयां और फल

दीपावली

लड़के और लड़की के लिए कपड़े

चांदी की हटरी और एक कोई और चांदी की चीज

एक जेवर लड़की के लिए

मेवा/फल/मिठाइयां

शगुन के पटाखे

एक जेवर लड़की के लिए

मेवा/फल/मिठाइयां

शगुन के पटाखे

12. शादी के बाद के साल के सालों के त्योहारों के उपहार

शादी के बाद के साल के सालों के त्योहारों के उपहार

मकर संक्रांति

गजक

लड़के लड़की और उनके परिवार वालों के लिए कपड़े और लिफाफे

होली

फल/ मेवा/ मिठाईयां

होली के रंग

लड़के और लड़की के लिए कपड़े या उसके बदले पैसे

तीज

साड़ी या सूट लड़की के लिए

मिठाईयां और फल

करवा चौथ

साड़ी या सूट लड़की के लिए

बाईने का सामान

राखी

शगुन का लिफाफा

मिठाईयां और फल

दशहरा

शगुन का लिफाफा

मिठाईयां और फल

दीपावली

लड़के और लड़की के लिए कपड़े

मेवा/फल/मिठाइयां

शगुन के पटाखे

13. शादी के लिए और शादी के बाद करने वाले कार्य

शादी के लिए और शादी के बाद करने वाले कार्य

1. शादी का स्थल ढूंढना और तय करना

2. शादी के स्थल में डेकोरेशन और डेकोरेशन करने वाला ठेकेदार

3. शादी का खाना तय करना

4. शादी की फोटोएं खींचना वाला फोटोग्राफर

5. घर के अंदर और बाहर डेकोरेशन और यह डेकोरेशन करने वाला ठेकेदार

6. शादी में आने वाले मेहमानों के लिए खाने पीने रहने और यातायात का प्रबंध

7. घर की सुरक्षा की व्यवस्था

8. वधू का शादी का मेकअप एवं अन्य औरतें का मेकअप (सौंदर्य करण)

9. पुरुषों के साफों का प्रबंध

10. वर्ग के सेफे में कलगी का प्रबंध

11. गाड़ी की सजावट

12. आए हुए मेहमानों की वापसी वाले तोहफे

13. मेहमानों के लिए भाजी के डब्बे (इन बन में मातृ कचोरी मीठा मेवा इत्यादि का मिश्रण होता है यह दिए जाते हैं कि मेहमानों को वापसी घर पहुंचने तक कुछ खाने के लिए साथ में हो)

14. घर के नौकरों और मददगारों (इनकी वजह से सारे काम सरलता से संपन्न होते हैं) के लिए शगुन के लिफाफे/ कपड़े/ तोफे

15. पंडित जी से शादी का सर्टिफिकेट

16. शादी का रजिस्ट्रेशन

रजिस्ट्रेशन करने के लिए जिन कागजों की आवश्यकता होती है:

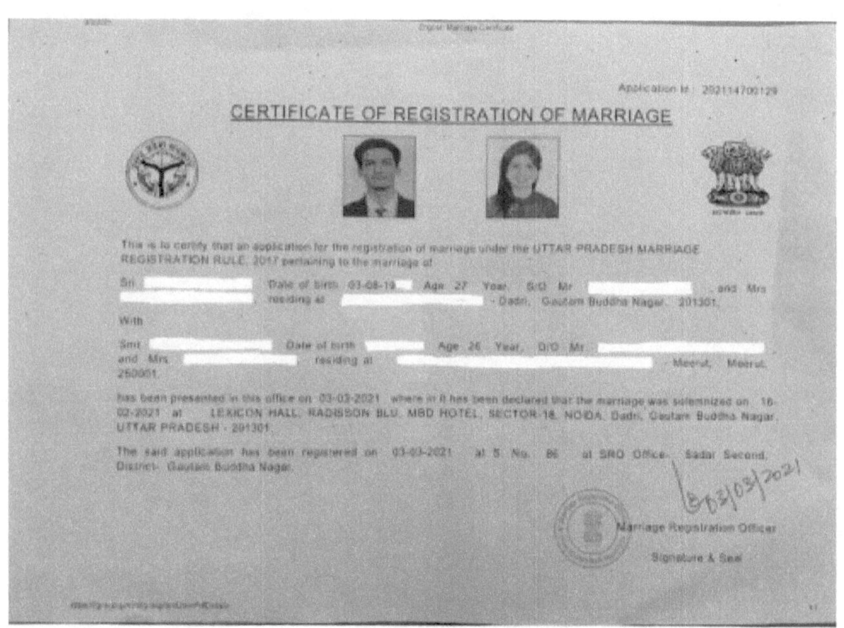

- वर वधु के आधार कार्ड/पैन कार्ड/हाई स्कूल के सर्टिफिकेट/ पासपोर्ट साइज के दो-दो फोटो
- शादी की फोटो
- पंडित जी का शादी का सर्टिफिकेट
- आमंत्रण कार्ड